PARIS

Photographies et poèmes

Conception graphique : Alessandra Scarpa

PARIS

Photographies et poèmes

Bibliothèque de l'Image

Préface

Lorsque dans l'entre-deux-guerres,
fuyant l'Europe de l'est, la misère,
les dangers, les futurs grands noms de la
photographie française (Kertész, Brassaï, Izis)
arrivent à Paris, un grand rêve les porte :
connaître cette Ville, foyer de la liberté et
de la création. Du haut de leur mansarde, ils n'en
voient que les toits, qui s'étendent sous le ciel,
et quelque coin de rue. L'inquiétude
les prend. Confronté à la réalité,
leur beau rêve va-t-il s'écrouler?
Les photographies réunies dans ce livre
relèvent toutes d'une attitude semblable.
Parisien de naissance ou d'élection, leurs
auteurs entendent donner de Paris non
des vues précises mais des images qui
expriment la ville de leur rêve.

Avant d'y pénétrer, ils la montrent de haut,
de leur fenêtre sous les toits, ou encore de ces lieux
mythiques que sont Notre-Dame, le Louvre,
la tour Eiffel. Puis ils descendent et partent,
l'esprit, le cœur ouverts, attentifs à saisir
l'instant, le détail qui évoque plus qu'il ne montre.
Dans une longue marche, inlassablement, ils
contemplent les monuments fameux, les sites
réputés, ceux que les touristes visitent jusqu'à ce
qu'ils découvrent une image neuve.

Les photographes, ici, affectionnent la nuit
avec ses grands pans d'ombre où le mystère
s'accroche. Le brouillard, la fumée, la neige
leur servent aussi à gommer les aspérités d'une
réalité trop crue, à ménager ces vides où
l'imagination peut jouer librement.

La Seine, dès l'origine, est l'axe autour
duquel s'ordonne la Ville. Avec Cartier-Bresson,
elle ouvre ce livre. La proue de la Cité, berceau
de son histoire, s'avance; et les bras du Pont-Neuf
embrassent les deux rives. Chez Brassaï,
le pont des Arts, précédé de fanaux énigmatiques,
se fait irréel sous le halo des réverbères.
Immuable en son cours, le fleuve se découvre encore
de la croisée des toits de Notre-Dame, d'où
monte vers le ciel la flèche qui paraît avoir défilé
les ans. Le temps passe comme le flux qui lentement
porte les chalands. Par de larges méandres,
la ville continue de progresser vers l'ouest :
sur cette image, ouverte vers l'avenir,
se fermera l'ouvrage.

Selon le vœu de Napoléon III, la nature
est présente partout dans la capitale.
Luxuriante parfois dans les jardins, ou sagement
ordonnée en belles rangées d'arbres,
elle envahit la Ville, se mêle à la pierre,
permet aux photographes de renouveler
l'image banalisée des monuments.

Anciens ou modernes, ceux-ci
ponctuent la Ville : ils sont des repères
où s'ancrent la vie, la prière, la justice,
le savoir et l'administration. Ils sont également,
dans leur beauté gratuite, l'honneur de Paris
et la trace de son histoire. Car chaque époque a eu
à cœur d'apposer sa marque sur la capitale.
Au modeste clocher médiéval de
Saint-Germain-des-Prés, qui pointe vers
le ciel, répondent les riches dômes de l'époque
classique, de l'Institut de France et des Invalides,
ancrés puissamment sur la terre.

Aux hôtels élégants du XVIIIe siècle, place
de la Concorde, succèdent les passages, intimes
et chaleureux, de la Restauration puis les édifices,
éclectiques et cossus, de la seconde moitié
du siècle dernier : l'Opéra et le Sacré-Cœur de
Montmartre. Selon leurs goûts et le hasard
de leurs promenades, les photographes
par touches successives ont évoqué ici, inscrite
dans la pierre, toute l'histoire de Paris.

D'un hôtel du Marais du XVIIe siècle,
Cartier-Bresson entrouvre le portail orné de
serpents menaçants entourant la tête de Méduse.
La tour Eiffel, symbole par excellence de l'ère
industrielle, se fait mystérieuse dans sa mince
silhouette qui domine la Ville obscure sur un
immense ciel d'orage. Kollar, lui, se sert
d'un photo-montage. D'une base puissante, en
contreplongée, se détachent deux fûts :
l'un est plein de lumière,
l'autre semble son ombre.

Dans la continuité des styles qui
se succèdent, l'arrivée de la technologie moderne
paraît marquer une rupture. Mais les photographes
ont adopté les édifices les plus récents :
la pyramide de Peï, la nuit, se fait diamant dans
l'enceinte du Louvre à travers l'objectif de Serge
Sautereau, tandis que de Beaubourg,
Sieff retient seulement l'image aérienne du
quartier entrevu à travers un store.

Mais Paris, c'est d'abord un lieu
où l'on vit, où l'on pense, où l'on crée,

où l'on meurt enfin. C'est un être vivant
qui imprime sa marque sur les places
et les rues, les maisons, les boutiques
et les pavés usés.
Le parti de ce livre est de ne pas montrer
les hommes. Ils sont présents pourtant, dans leur
absence même, comme une marque en creux.
Le banc, sur un boulevard au petit matin, suggère
le badaud, les chaises vides, face à face,
paraissent converser et le balai dressé attend,
avec le chat, devant la porte close,
que surgisse la concierge.

La nuit, cette présence est plus
précise encore. Elle s'impose dans le silence,
dans le sommeil palpable, dans l'ombre que
dessinent les lumières d'un café, dans une
porte entrebaîllée, sur des escaliers
qui mènent on ne sait où.
Les réverbères alors distillent par
les rues des lueurs discrètes.
Elégants, infiniment variés, ornés de lianes,
de fleurs et de guirlandes, ils orientent la
vie nocturne. Comme les colonnes Morris, les
kiosques en tous genres, voire les vespasiennes
(tous créés par Haussmann), ponctuent
la marche du promeneur solitaire.
Sous ces lueurs nocturnes, les pavés parisiens,
si chargés de symbole, prennent soudain un relief
insolite. Mais on les trouve aussi le jour,
menacés par les herbes folles, sur les berges de la
Seine, ou encore, tout neufs, disposés selon
des courbes élégantes.

Plus profondément, la Ville c'est
un lieu où l'esprit est partout, où la

méditation sur la condition humaine
prend une coloration particulière, infléchie par
des siècles de création. Le signe, dans
ce livre, en est la statue.
Sur les toits de Notre-Dame, le stryge se
concentre dans la contemplation de la Ville,
à ses pieds. La réflexion s'incarne dans
la tension extrême du penseur de Rodin.
L'archange Saint-Michel triomphe, conquérant,
sur sa fontaine tandis que sur les
toits du Grand Palais, l'aurige retient
ses chevaux frémissants.

Tous les âges de la vie sont évoqués ici :
les enfants enfourcheront bientôt les chevaux
rêveurs du manège d'Izis, les jeunes gens viendront
s'asseoir à la terrase du café du Dôme.
Plus âgés, ils iront se divertir au Moulin Rouge
ou rêver sous les ors de l'Opéra.
Mais les cimetières les attendent tous,
pleins d'humour avec Mounicq; un ange sonne
de la trompette au-dessus du couple Pigeon
(Mr Pigeon inventeur de la lampe qui porte son
nom). Les tombes, elles-mêmes, passent.
Déjà, au Père-Lachaise, elles paraissent rendues
au règne végétal. Ailleurs, elles s'effritent,
dans une douce intimité, à l'ombre
de Saint-Pierre de Montmartre.

Le sujet de ce livre est le Paris des guides,
avec ses monuments, ses rues, ses jardins, les sites
à ne pas manquer. Mais il s'agit ici d'en
évoquer l'esprit à travers la vision de chaque
photographe qui, comme disait Baudelaire,
y ajoute son âme.

*Que l'on ne s'y trompe pas, ces images
si simples que chacun, semble-t-il, aurait pu les
fixer, sont en fait, chacune une sorte de miracle.
On peut analyser l'habileté du cadrage,
le graphisme de l'image, le sens de la lumière.
Mais on n'explique pas (comment définir l'art)
pourquoi, de chacune, émane quelque
chose qui accroche le rêve.
Celui d'un photographe au regard unique
(mais marqué pour une part
de celui de son temps), qui a son style
propre, sa sensibilité.*

*Mais Paris est une ville si chargée
d'histoire, que nous ne pouvons la voir qu'à
travers de multiples réminiscences
que l'éditeur, ici, a voulu évoquer à travers
des textes littéraires. Ils ne sont pas premiers :
la photographie ne les «illustre» pas.
Ils ne sont pas non plus commentaires
de l'image. Ils sont seulement là seulement
pour aider, orienter l'imagination,
la sensibilité du spectateur : à son tour,
il devient acteur.*

*Pour goûter ces images,
il lui faut, en effet, savoir s'arrêter,
s'imprégner de silence, libérer son esprit.
Alors, prenant appui sur ces photographies, sur
les textes peut-être, ainsi que chez Burri le Génie
de la Bastille effleurant Paris de la
pointe du pied, son esprit, à son tour,
prendra son envol.*

Marie de Thézy,
Conservateur à la Bibliothèque Historique de la Ville de Paris.

Sur le Pont Neuf j'ai rencontré
D'où sort cette chanson lointaine
D'une péniche mal ancrée
Ou du métro Samaritaine

Sur le Pont Neuf j'ai rencontré
Sans chien sans canne sans pancarte
Pitié pour les désespérés
Devant qui la foule s'écarte

Sur le Pont Neuf j'ai rencontré
L'ancienne image de moi-même
Qui n'avait d'yeux que pour pleurer
De bouche que pour le blasphème

Sur le Pont Neuf j'ai rencontré
Cette pitoyable apparence
Ce mendiant accaparé
Du seul souci de sa souffrance

Sur le Pont Neuf j'ai rencontré
Fumée aujourd'hui comme alors
Celui que je fus à l'orée
Celui que je fus à l'aurore

Sur le Pont Neuf j'ai rencontré
Semblance d'avant que je naisse
Cet enfant toujours effaré
Le fantôme de ma jeunesse

Sur le Pont Neuf j'ai rencontré
Vingt ans l'empire des mensonges
L'espace d'un miséréré
Ce gamin qui n'était que songes

Sur le Pont Neuf j'ai rencontré
Ce jeune homme et ses bras déserts
Ses lèvres de vent dévorées
Disant les airs qui le grisèrent

Sur le Pont Neuf j'ai rencontré
Baladin du ciel et du cœur
Son front pur et ses goûts outrés
Dans le cri noir des remorqueurs

Henri Cartier-Bresson, *Ile de Cité, 1952.*

Sur le Pont Neuf j'ai rencontré
Ce pauvre petit mon pareil
Il m'a sur la Seine montré
Au loin des taches de soleil

Sur le Pont Neuf j'ai rencontré
Mon autre au loin ma mascarade
Et dans le jour décoloré
Il m'a dit tout bas Camarade

Sur le Pont Neuf j'ai rencontré
Mon double ignorant et crédule
Et je suis longtemps demeuré
Dans ma propre ombre qui recule

Sur le Pont Neuf j'ai rencontré
Assis à l'usure des pierres
Le refrain que j'ai murmuré
Le rêve qui fut ma lumière

Aveugle aveugle rencontré
Passant avec les regards veufs
O mon passé désemparé
Sur le Pont Neuf

Sur le Pont Neuf j'ai rencontré
Le joueur qui brûla son âme
Comme une colombe égarée
Entre les tours de Notre-Dame

Sur le Pont Neuf j'ai rencontré
Ce spectre de moi qui commence
La ville à l'aval est dorée
A l'amont se meurt la romance

Louis Aragon, *Le roman inachevé.*

Marcel Bovis, *Le square du Vert-Galant, 1935.*

Cette place Dauphine est bien un des lieux les plus profondément retirés que je connaisse, un des pires terrains vagues qui soient à Paris. Chaque fois que je m'y suis trouvé, j'ai senti m'abandonner peu à peu l'envie d'aller ailleurs, il m'a fallu argumenter avec moi-même pour me dégager d'une étreinte très douce, trop agréablement insistante et, à tout prendre, brisante.

André Breton, *Nadja.*

Ronald Hurwirtz, *Place Dauphine, 1993.*

Chef-d'œuvre poétique de Paris, les quais ont enchanté
la plupart des poètes, touristes, photographes et
flâneurs du monde. C'est un pays unique, tout en
longueur, sorte de ruban courbe, de presqu'île
imaginaire qui semble être sortie de l'imagination d'un
être ravissant. Je connais tellement, pour l'avoir faite
cent fois, la promenade qui berce le marcheur du quai
du Point-du-Jour au quai des Carrières à Charenton,
ou celle qui, tout jeune, me poussait du quai d'Ivry au
quai d'Issy-les-Moulineaux, que j'ai l'impression
d'avoir un sérieux tour du monde sous mes talons.
Ces seuls noms : Orsay, Mégisserie, Voltaire,
Malaquais, Gesvres, aux Fleurs, Conti, Grands-
Augustins, Horloge, Orfèvres, Béthune et place Mazas
me suffisent comme Histoire et Géographie. Avez-vous
remarqué que l'on ne connaît pas mieux «ses» quais
que ses sous-préfectures? J'attends toujours un vrai
Parisien sur ce point : où finit le quai Malaquais, où
commence le quai de Conti? Où se trouve le quai de
Gesvres? D'après la réponse, je classe les gens.
A ce petit jeu, on s'aperçoit qu'il n'y a pas beaucoup de
vrais Parisiens, pas beaucoup de chauffeurs
de taxi cultivés, encore moins d'agents de police
précieux. Chacun se trompe sur la question des quais.

Léon-Paul Fargue, *Le piéton de Paris.*

André Kertész, *Les quais, 1963*.

Brassaï, *Marché aux fleurs, 1931-1932.*

Le bon vent qui nous emporte ne tombera peut-être plus puisqu'il est dès maintenant chargé de parfums comme si des jardins s'étageaient au-dessus de nous. Nous touchons en effet le Quai aux Fleurs à l'heure de l'arrivage massif des pots de terre roses, sur la base uniforme desquels se prémédite et se concentre toute la volonté de séduction active de demain. Les passants matinaux qui hanteront dans quelques heures ce marché perdront presque tout de l'émotion qui peut se dégager au spectacle des étoffes végétales lorsqu'elles font vraiment connaissance avec le pavé de la ville. C'est merveille de les voir une dernière fois rassemblées par espèces sur le toit des voitures qui les amènent, comme elles sont nées si semblables les unes aux autres de l'ensemencement. Tout engourdies aussi par la nuit et si pures encore de tout contact qu'il semble que c'est par immenses dortoirs qu'on les a transportées. Sur le sol pour moi à nouveau immobilisées, elles reprennent aussitôt leur sommeil, serrées les unes contre les autres et jumelles à perte de vue. C'est bientôt juin et l'héliotrope penche sur les miroirs ronds et noirs du terreau mouillé ses milliers de crêtes. Ailleurs les bégonias recomposent patiemment leur grande rosace de vitrail, où domine le rouge solaire, qui éteint un peu plus, là-bas, celle de Notre-Dame.

André Breton, *L'amour fou.*

15

Supposez qu'on construise en banlieue assez
loin de Paris un somptueux bâtiment tout neuf avec
tout le confort qui grouperait tous les services
de la préfecture, mais assez loin tout de même.
Ensuite, on nettoie la Conciergerie, on aménage
l'intérieur et on fait un hôtel historique de luxe.
Bah il y a des tas d'étrangers qui arriveraient de
très loin et qui paieraient très cher pour habiter là
quelques jours; et du point de vue touristique ce

J.M. Charles *Les toits de la Conciergerie* 1988

serait d'un rapport extrêmement important.
On organiserait des spectacles sons et lumières avec des tortures, des passages à tabac, mais devant tout le monde et pas pour de vrai. Ça ferait un argent fou. Il y a cent choses comme ça qui feraient de Paris une ville civilisée, plaisante et fréquentable. Il est du devoir de chacun de s'attacher à leur réalisation prompte. Les toits également. Les toits sont peu ou mal utilisés. Que l'on prenne la peine d'en unifier la hauteur et de les bétonner; et voilà des voies de dégagement toutes trouvées pour la capitale. Enfin tous les bureaux, tous ces bureaux qui ne servent que de jour et qui sont perdus à peu près douze heures sur vingt-quatre. Pour le plein emploi, faisons une statistique. Supposons, chiffre pris au hasard, qu'il y ait cent mille bureaux occupés par cent mille entreprises commerciales.

Instituons par roulement le travail de nuit et faisons tourner les bureaux vingt-quatre heures sur vingt-quatre. Voilà cinquante mille bureaux libres de se transformer en logement. On m'accordera que tout cela est facile et peu coûteux et sans doute la raison pour laquelle il y a gros à parier que le gouvernement, furieux contre moi, se vexera et refusera de prendre à son compte ses suggestions purement amicales et qui sont du devoir de tout bon citoyen.

Boris Vian, *Variations sur le réaménagement de Paris.*

Henri Cartier-Bresson, *Vue des toits de Notre-Dame, 1953.*

La flèche aiguë et dentelée de la Sainte-Chapelle,
les tours de Notre-Dame, le parvis Saint-Julien-le-Pauvre,
par ce matin d'hiver, m'apparurent dans une lumière
bleuâtre et quoique ne jouissant, de ce côté de l'eau,
d'aucune sorte de crédit, je me sentis rasséréné.

J'avais, à mon arrivée à Paris, habité l'île Saint-Louis
où Charles-Louis Philippe m'écrivait, de sa petite
chambre, que c'est le seul endroit du monde pour un poète.

Francis Carco, *De Montmartre au Quartier Latin.*

André Kertész,
Notre-Dame, 1983.

C'est un magnifique et charmant spectacle
que Paris, et le Paris d'alors surtout, vu du haut
des tours Notre-Dame aux fraîches lueurs d'une aube
d'été. On pouvait être, ce jour là, en juillet.
Le ciel était parfaitement serein. Quelques étoiles
attardées s'y éteignaient sur divers points, et il y en
avait une très brillante au levant dans le plus clair
du ciel. Le soleil était au moment de paraître.
Paris commençait à remuer. Une lumière très blanche
et très pure faisait saillir vivement à l'œil tous les
plans que ses mille maisons présentent à l'orient.
L'ombre géante des clochers allait de toit en toit
d'un bout de la grande ville à l'autre.
Il y avait déjà des quartiers qui parlaient et qui
faisaient du bruit. Ici un coup de cloche, là un coup
de marteau, là-bas le cliquetis compliqué d'une
charette en marche. Déjà quelques fumées se
dégorgeaient çà et là sur toute une surface de toits
comme par les fissures d'une immense solfatare.
La rivière, qui fronce son eau aux arches de tant de
ponts, à la pointe de tant d'îles, était toute moirée
de plis d'argent. Autour de la ville, au dehors des
remparts, la vue se perdait dans un grand cercle de
vapeurs floconneuses à travers lesquelles on
distinguait confusément la ligne indéfinie des plaines
et le gracieux renflement des coteaux. Toutes sortes
de rumeurs flottantes se dispersaient sur cette cité à
demi réveillée. Vers l'orient le vent du matin
chassait à travers le ciel quelques blanches ouates
arrachées à la toison de brume des collines.

Victor Hugo, *Notre-Dame de Paris*

De l'autre côté de la passerelle de fer, cette monstruosité édilitaire, le village Saint-Louis garde jalousement sa parfaite autonomie, ayant la double chance de se trouver au milieu d'un paysage exceptionnel et d'échapper à la grosse circulation, les seuls camions y pénétrant étant ceux des laitiers, du trafic des Halles et du glacier. Je n'ai pas encore habité l'île. Mais j'y ai travaillé transformant, avec une équipe de joyeux Marseillais, un grenier en appartement tout neuf, en haut d'une de ces admirables maisons de je ne sais quel siècle historique, aux escaliers majestueux à marches si larges qu'on ne peut les monter deux à

deux, à cours intérieures pavées,
agrémentées de puisards et fleuries comme
au temps des diligences, où l'on accède par des
voûtes imposantes, à fenêtres immenses qui sont
la bénédiction des vitriers environnants.
Mais maintenant chaque maison de l'île est classée
monument touristique, étiquetée d'une planchette
jaune portant les noms, qualités, et dates
de vie et mort des propriétaires. Et l'on parle
d'abattre les peupliers des quais d'Orléans
et de Béthune.

Jean-Paul Clébert, *Paris insolite.*

René-Jacques, *Le quai d'Orléans depuis «La Tour d'Argent», 1934.*

Je vois un portail : j'entre. C'est un coup
à prendre et qui est assez vite pris. C'est le réflexe
de la porte cochère. C'est le sens du portail.
Ayez-le. A ce jeu, nulle raison de s'arrêter, chaque
porte ouvrant sur une autre sans cesse. Tout moment
de Paris tient de l'oignon, de l'humble ou du somp-
tueux oignon. On l'épluche, on épluche, on ne cesse
d'éplucher. Choisir tel ou tel coin n'est donc pas
nécessaire : il suffit d'acquérir le sens du portail.
Puis de fouiller indéfiniment.

Jean Echenoz.

Henri Cartier-Bresson, *Entrée d'une cour intérieure dans le Marais, 1952.*

Jean Mounicq, *Hôtel de Sully, 1987.*

Jean Mounicq, *Place des Vosges, 1983.*

Je m'en vais prendre un verre place des Vosges pour me consoler, dans le bistrot tabac qui fait l'angle, et me balader sous ces voûtes étonnantes, entrer feuilleter des bouquins chez le libraire, ou palper des sacs de couchage chez le fournisseur d'occasions de matériel de camping, ou fumer une pipe au milieu du square. Cette place est anachronique. Enceinte historique où la civilisation n'a pas encore réussi à pénétrer, où il fait bon même en plein hiver...

Jean-Paul Clébert, *Paris insolite.*

Jean Mounicq, *Quai de l'Hôtel de Ville, 1989.*

Je tiens les bouquinistes pour les êtres les plus délicieux que l'on puisse rencontrer, et, sans doute, participent-ils avec élégance et discrétion à ce renom d'intelligence dont se peut glorifier Paris. Le pays du livre d'occasion a ses frontières aussi.

Il va du quai d'Orsay au Jardin des Plantes, sur la rive gauche, et de la Samar, comme on dit, au Châtelet, sur la rive droite.

Léon-Paul Fargue, *Le piéton de Paris.*

Jean Mounicq, *Hôtel de Ville, 1987.*

*On approche, à n'en pas douter, de la
Tour Saint-Jacques. Le charnier des Innocents,
transformé plus tard en marché et que n'évoque plus
concrètement que la fontaine centrale du square du
même nom, avec les naïades de Jean Goujon
— qui me font l'effet d'avoir présidé au plus bel
enchantement de cette histoire — sert ici à introduire
Nicolas Flamel qui y fit dresser à la fin du XIVᵉ
siècle la fameuse arcade à ses initiales
(sur cette arcade on sait qu'il avait fait peindre
un homme tout noir tourné vers une plaque dorée sur
laquelle était figurée Vénus ou Mercure ainsi qu'une
éclipse du soleil et de la lune; cet homme tendait à
bout de bras un rouleau recouvert de l'inscription :
« Je vois merveille dont moult je m'esbahis »).*

André Breton, *L'amour fou.*

33

Jean Mounicq, *Fontaine des Innocents, 1991.*

34

Jeanloup Sieff, *Beaubourg, 1978.*

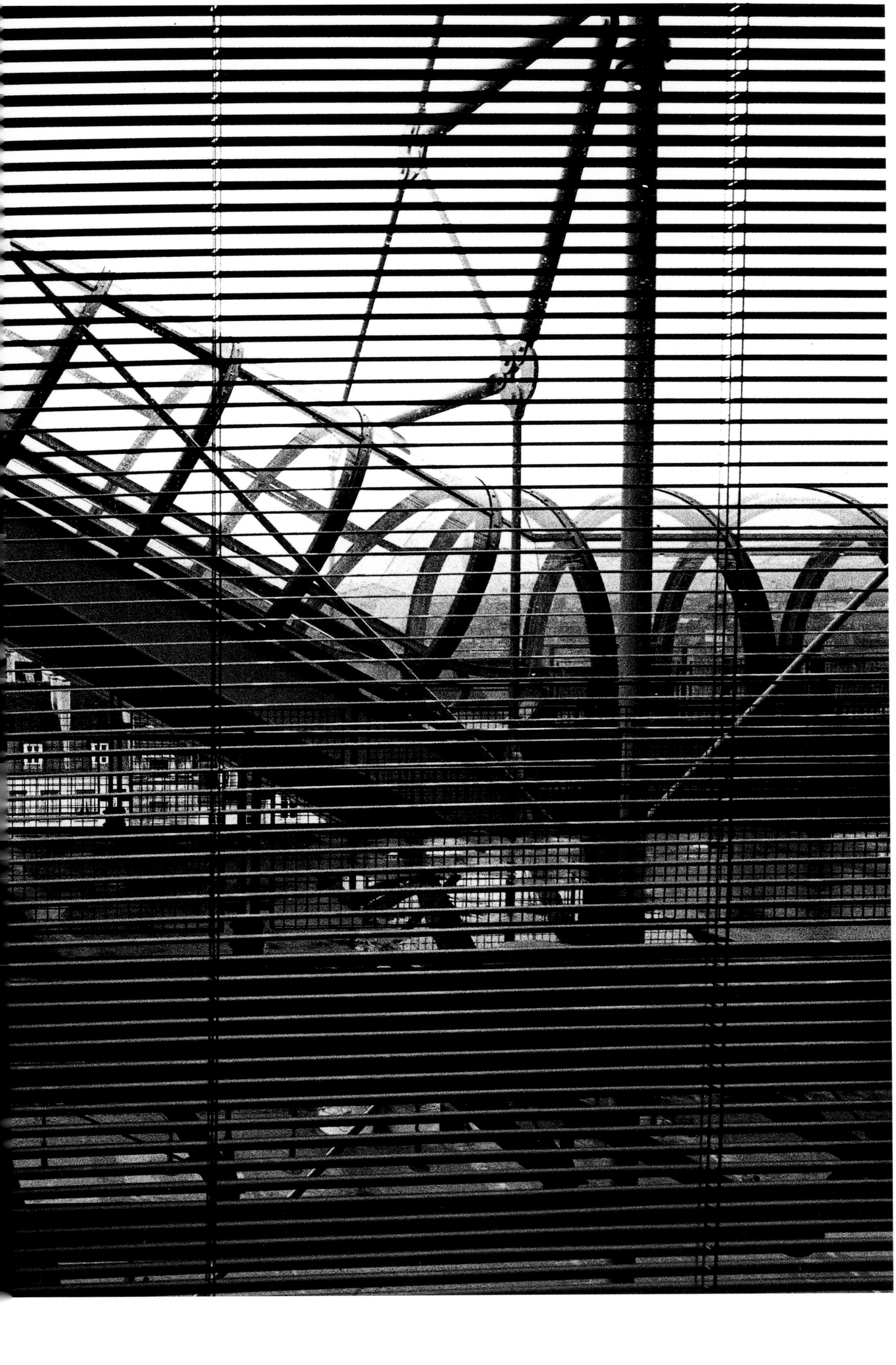

Tournesol

Au Chien qui fume

A Pierre Reverdy

Où venaient d'entrer le pour et le contre

La jeune femme ne pouvait être vue d'eux que mal et de biais

La voyageuse qui traversa les Halles à la tombée de l'été

Avais-je affaire à l'ambassadrice du salpêtre

Marchait sur la pointe des pieds

Ou de la courbe blanche sur fond noir que nous appelons pensée

Le désespoir roulait au ciel ses grands arums si beaux

Le bal des innocents battait son plein

Et dans le sac à main il y avait mon rêve ce flacon de sels

Les lampions prenaient feu lentement dans les marronniers

Que seule a respirés la marraine de Dieu

La dame sans ombre s'agenouilla sur le Pont-au-Change

Les torpeurs se déployaient comme la buée

Rue Gît-le-Cœur les timbres n'étaient plus les mêmes

Jean-Claude Gautrand, *Le Forum des Halles, 1981.*

Les promesses des nuits étaient enfin tenues
Les pigeons voyageurs les baisers de secours
Se joignaient aux seins de la belle inconnue
Dardées sous le crêpe des significations parfaites
Une ferme prospérait en plein Paris
Et ses fenêtres donnaient sur la voie lactée
Mais personne ne l'habitait encore à cause des survenants
Des survenants qu'on sait plus dévoués que les revenants
Les uns comme cette femme ont l'air de nager

Et dans l'amour il entre un peu de leur substance
Elle les intériorise
Je ne suis le jouet d'aucune puissance sensorielle
Et pourtant le grillon qui chantait dans les cheveux de cendres
Un soir près de la statue d'Etienne Marcel
M'a jeté un coup d'œil d'intelligence
André Breton a-t-il dit passe

André Breton, *L'amour fou.*

Brassaï, *La tour Saint-Jacques chancelante, 1931-1932.*

*J'étais de nouveau près de vous, ma belle
vagabonde, et vous me montriez en passant la Tour
Saint-Jacques sous son voile pâle d'échafaudages
qui, depuis des années maintenant, contribue à en
faire plus encore le grand monument du monde à
l'irrévélé. Vous aviez beau savoir que j'aimais cette
tour, je revois encore à ce moment toute une existence
violente s'organiser autour d'elle pour nous
comprendre, pour contenir l'éperdu dans son galop
nuageux autour de nous :*

A Paris la Tour Saint-Jacques chancelante
Pareille à un tournesol

*ai-je dit assez obscurément pour moi dans un poème,
et j'ai compris depuis que ce balancement de la tour
était surtout le mien entre les deux sens en français
du mot* tournesol, *qui désigne à la fois cette espèce
d'hélianthe, connue aussi sous le nom de grand soleil
et le réactif utilisé en chimie, le plus souvent sous la
forme d'un papier bleu qui rougit au contact des
acides. Toujours est-il que le rapprochement ainsi
opéré rend un compte satisfaisant de l'idée complexe
que je me fais de la tour, tant de sa sombre
magnificence assez comparable à celle de la fleur qui
se dresse généralement comme elle, très seule, sur un
coin de terre plus ou moins ingrat que des
circonstances assez troubles qui ont présidé à son
édification et auxquelles on sait que le rêve*
38   *millénaire de la transmutation des métaux est
étroitement lié. Il n'est pas jusqu'au virement du
bleu au rouge en quoi réside la propriété spécifique
du* tournesol-réactif *dont le rappel ne soit sans
doute justifié par analogie avec les couleurs
distinctives de Paris, dont, au reste, ce quartier de
la Cité est le berceau, de Paris qu'exprime ici d'une
façon tout particulièrement organique,* essentielle,
*son Hôtel de Ville que nous laissons sur notre gauche
en nous dirigeant vers le Quartier Latin.*

André Breton, *L'amour fou.*

Brassaï, *Le pont des Arts, 1935.*

Si la nuit est claire, si les ombres sont bien nettes et bien blanche la lumière de la lune, il arrive un moment où le flâneur le mieux informé de tout le mystère de sa ville s'arrête et regarde en silence. Paris ne se livre guère aux gens pressés, je l'ai déjà dit, il appartient aux rêveurs, à ceux qui savent s'amuser dans les rues sans question de temps alors que d'urgentes besognes les réclament ailleurs; aussi leur récompense est-elle de voir ce que d'autres ne verront jamais. Paris a de plus cette particularité de se montrer la nuit mieux qu'il ne le fait le jour.

Julien Green, *Paris.*

Edouard Boubat *Quai du Louvre et Institut, 1952*

Serge Sautereau : *Le Louvre de nuit.*

Janine Niepce, *Place André-Malraux, 1956.*

Ce sont les autobus qui ont transformé
la place du Théâtre-Français. Une révolution, un
incendie même — et il y en a eu un fameux —
n'auraient pas mieux fait. La place du Théâtre-
Français, où l'on me conduisait autrefois par la
main, comme dans un endroit tranquille, un peu
sévère, mais de bonne influence, est aujourd'hui une
gare régulatrice. Un alphabet mouvant.
C'est le Corbeil du réseau de la Compagnie
des Transports en Commun.
On perd un temps précieux à passer du Ministère
des Finances chez Molière, et des Grands Magasins
du Louvre au marchand de valises qui fait le coin
de l'avenue de l'Opéra. Jadis, on pouvait bavarder
en pleine rue; les joueurs d'échecs et les acteurs, les
membres du Conseil d'Etat et les ombres du
Palais-Royal ne craignaient aucun coup
de trompe, aucun dérapage, aucun rappel à
l'ordre des agents. On était libre.
Pourtant, ce quartier n'a rien perdu de son
pittoresque, de son air parisien, de ce cachet unique
au monde et de ses manières bien françaises.
Il n'y a pas une ville en Europe où se puisse
concevoir ce mélange de palais et de boutiques, de
ministères et de restaurants, de bourgeoisie et de
prostitution, de sérieux et de dévergondage qui fait
le charme du Théâtre-Français. Elle est petite,
ramassée, sans commencement, ni fin, sans axes,
sans frontières bien tracées, et cependant le
promeneur ou l'étranger ne savent comment s'y
prendre pour en faire le tour.

Léon-Paul Fargue, *Le piéton de Paris.*

46

Marc Gantier, *Galerie du Palais-Royal, 1990.*

Après tant d'exubérances et de couleur,
le Palais-Royal est un adorable pays de fantômes.
Ses personnages familiers sont des ombres qui se
meuvent dans l'ombre des colonnades. Celles-ci sont
privées de lumière mais pleines d'un long silence
qui repose. Les cris même des enfants, qui ont
aujourd'hui conquis ce royaume sur les merveilleuses
et les muscadins, n'y parviennent qu'abasourdis.

Les vitrines des négoces ont des allures de mystère
poussiéreuses (une poussière propre) mais elles
recèlent des merveilles insoupçonnées : des objets
rares et précieux, des médailles d'or et des figurines
de plomb, des lettres de cachet et des jades roses.
Les marchands ont l'air de guides bienveillants, on
peut entrer, regarder, toucher... sans acheter.
Les boutiquiers du Palais Royal sont des
collectionneurs qui aiment montrer leur trésor.

Jean-Paul Clébert, *Paris que j'aime.*

René-Jacques, *Jardin du Palais-Royal, 1946.*

Au centre de la ville, là où les rythmes se tissent
le plus étroitement; là où les gestes, les voix, les vitesses
font une bourre cotonneuse qui s'enflamme le soir; pris
entre les Boulevards et le faubourg Montmartre, comme

une barre et un ressort, les Passages se réjouissent
de leur fluidité facile et de leur instabilité silencieuse...
Les Passages sont une forme paisible de la foule.
Elle s'y possède mieux, elle s'y allonge; elle s'y réchauffe

F. Le Diascorn, *Passage Vérot-Dodat, 1989.*

en se frottant aux parois. L'allure des piétons ne se recourbe plus humblement, comme le lierre des chênes sur la file des voitures. Ils ne pataugent plus dans la boue, ni dans les forces. Le Passage les abrite et les enveloppe

d'une douceur presque domestique. C'est une rue qui se recueille ou un intérieur qui se défait toujours.

Jules Romains, *Puissances de Paris.*

54

Jeanloup Sieff, *Le hall de l'Opéra, 1988.*

Jeanloup Sieff, *Le plafond de l'Opéra, 1988.*

René-Jacques, *Gare Saint-Lazare, 1945-1946.*

Brassaï, *La colonne Vendôme, 1936.*

Puis, comme la noce, arrivée sur la place Vendôme, regardait la colonne, M. Madinier songea à faire une galanterie aux dames; il leur offrit de monter dans la colonne, pour voir Paris. Son offre parut très farce. Oui, oui, il fallait monter, on en rirait longtemps. D'ailleurs, ça ne manquait pas d'intérêt pour les personnes qui n'avaient jamais quitté le plancher aux vaches. «Si vous croyez que la Banban va se risquer là-dedans, avec sa quille! murmurait Mme Lorilleux.— Moi, je monterais volontiers, disait Mme Lerat, mais je ne veux pas qu'il y ait d'homme derrière moi.»

Et la noce monta. Dans l'étroite spirale de l'escalier, les douze grimpaient à la file, butant contre les marches usées, se tenant aux murs. Puis, quand l'obscurité devint complète, ce fut une bosse de rires. Les dames poussaient de petits cris. Les messieurs les chatouillaient, leur pinçaient les jambes. Mais elles étaient bien bêtes de causer!

58

Emile Zola, *L'assommoir.*

Brassaï, *Les fontaines de la place de la Concorde, vers 1935.*

Izis, *Place de la Concorde, 1948.*

*Sur la place de la Concorde, tous les jeudis
en début d'après-midi, les gens font la queue au pied
de la statue de Lille. Rien à priori ne sollicite
leur attention. Aucun d'eux ne regarde cette
sculpture avec beaucoup d'intérêt. Les hommes lisent
le journal, les femmes tricotent sur des pliants.
Aux yeux des autres passants, rien ici (ni autobus,
ni spectacle, ni interdiction de circuler) ne justifie
cette attente. Puis soudain, les gens s'ébrouent,
le socle s'anime, découvre une porte, et le groupe
disparaît à l'intérieur de la statue. Derrière lui, la
porte se referme. On peut lire alors l'inscription :
visite des égoûts de Paris !*

Jean-Paul Clébert, *Paris que j'aime.*

Izis, *Jardin des Tuileries, 1950.*

Chevaux aux yeux bleus et mal peints
chevaux à la crinière de crin
traversés d'une barre de cuivre
où le cavalier se tient
vous tournez sans jamais être ivres
et jamais vous ne dites rien
mais déchirante et déchirée
la musique marche sans arrêt
et plantés sur votre plaque tournante
sans jamais l'entendre vous tournez
Le cœur aime la mauvaise musique
et sans doute qu'il a raison
et les chevaux aussi peut-être
qu'ils aiment de drôles de sons.

Jacques Prévert, *Grand bal du printemps.*

René-Jacques, *Les toits du Petit Palais, 1947.*

Immense et rouge

*Immense et rouge
Au-dessus du Grand Palais
Le soleil d'hiver apparaît
Et disparaît
Comme lui mon cœur va disparaître
Et tout mon sang va s'en aller
S'en aller à ta recherche
Mon amour
Ma beauté
Et te trouver
Là où tu es.*

Jacques Prévert, *Paroles.*

Janine Niepce, *Les toits du Grand-Palais et les Invalides, 1956.*

70

Jean Mounicq, *L'Arc de Triomphe, 1983.*

Sonnet

J'aime Paris aux beaux couchants d'automne,
Paris superbe aux couchants élargis,
Quand sur les quais du soleil tout rougis,
Le long des ponts, je m'arrête et m'étonne.

Rompant au fond la splendeur monotone,
L'Arc de Triomphe et ses pans obscurcis
Semblent s'ouvrir au vainqueur de Memphis,
Qui les emplit de l'or de sa couronne.

Mieux qu'un vainqueur, c'est un Roi-Mage encor,
Qui, vieillissant, verse tout son trésor;
Ou c'est Homère épanchant l'Odyssée,

Car ce matin j'en lisais de doux chants
Et je m'en vais mêlant dans ma pensée
Avec Paris Ithaque aux beaux couchants.

Sainte-Beuve, *Pensées d'août.*

Jean Mounicq, *Palais de Chaillot, 1987.*

F. Le Diascorn : *La Tour Eiffel, 1952.*

F. **Kollar,** *Photomontage - La tour Eiffel, vers 1931.*

La nuit, la Tour, les pieds écartés sur un bûcher
trop petit pour elle, pissait debout la Loïe Fuller et
les Fontaines Lumineuses. Les terrasses des
restaurants du palais des Arts Libéraux, bondées à
plier, se hérissaient de tziganes qui fouettaient la
nuit lente à descendre. Une étoile lorgnait mon
parfait au café, dont la chaleur faisait une
statuette. Une chauve-souris signait son courrier sur
le front de bandière. Un escalier buvait
du lait dans les ténèbres.

Léon-Paul Fargue, *Le piéton de Paris.*

André Kertész, *Orages sur Paris, 1927.*

LE PENSEVR
DE RODIN OFFERT
PAR SOVSCRIPTION
PVBLIQVE AV PEVPLE
DE PARIS MCMXI

Michel Séméniako, *Musée Rodin et le dôme des Invalides, 1994.*

F. Le Diascorn, *Musée d'Orsay, 1989*.

Jean Mounicq, *Eglise Saint-Germain, 1982.*

J'habite à Saint-Germain-des-Prés
Et chaque soir j'ai rendez-vous
Avec Verlaine
Ce vieux Pierrot n'a pas changé
Et pour courir le guilledou
Près de la Seine
Souvent on est flanqué
D'Apollinaire
Qui s'en vient musarder
Chez nos misères
C'est bête,
On voulait s'amuser,
Mais c'est raté
On était trop fauchés.

Regardez-les tous ces voyous
Tous ces poètes de deux sous
Et leur teint blême
Regardez-les tous ces fauchés
Qui font semblant de ne jamais
Finir la s'maine
Ils sont riches à crever,
D'ailleurs ils crèvent
Tous ces rimeurs fauchés
Font bien des rêves
Quand même,
Ils parlent le latin
Et n'ont plus faim
A Saint-Germain-des-Prés.

Vous qui passez rue de l'Abbaye,
Rue Saint-Benoît, rue Visconti,
Près de la Seine
Regardez l'Monsieur qui sourit,
C'est Jean Racine ou Valéry
Peut-êtr' Verlaine
Alors vous comprendrez
Gens de passage
Pourquoi ces grands fauchés
Font du tapage
C'est bête,
Il fallait y penser,
Saluons-les
A Saint-Germain-des-Prés.

Léo Ferré, *Saint-Germain-des-Prés.*

A Saint Germain des Prés

Tout' la journée

On voit traîner

Des tas d'cinglés qui s'en vont s'abreuver

Dans les bistrots pleins d'glaces

Avec leurs terrasses

Où des gens s'entass'nt pour voir passer d'autr's gens

Boir' de la bière

Perdre leur temps

Plutôt qu'd'aller à la fontain' Wallace

En fac' de l'usin' à prières

A Saint Germain des Prés

Sans s'déplacer

On peut causer

Les charabias tous les plus compliqués

D'puis l'chin'toque à rallonge

L'patois d'la Saintonge

Le gréco-romain le tartare et l'suédois

Des Deux Magots

Au Montana

Et d'la Rein' Blanch' au Café d'Flore

On a l'spectacle et on paye pas l'décor

Y'a des barbus

Y'a des tordus

Y'a des bagnol's qu'ont soixant'quinz'ans d'âge

Et des filles folles qui sont pourtant bien sages

Et des sing's sans leur cage

A Saint Germain des Prés

A Saint Germain des Prés

Tout' la journée

On peut flâner

On peut s'prom'ner dans les rues du quartier

Du côté de l'église

Avec ses pierres grises

Et ses vieill's marquis's qui trott'nt sur le boul'vard

Comm' des p'tits canards

Un peu indécises

Les mains serrées dans des mitaines grises

Pour se protéger de la bise

Si Saint Germain des Prés paraît changer

C'est sans danger

Ça restera comm' c'était autrefois

Un p'tit village aimable

Plein de gens sociables

Qui font bon visage à tous les étrangers

Tout est facile

Tout est tranquille

C'est bien pour ça que c'est si agréable

De vivre à Saint Germain des Prés

Boris Vian, *Club Saint-Germain.*

Jeanloup Sieff, *Café de Flore, 1976.*

Marcel Bovis, *Rue Visconti, 1938.*

Jean Mounicq, *Le dôme de l'Institut et rue de Seine, 1988.*

Jean Mounicq, *Place Saint-Sulpice, 1993.*

Marcel Bovis, *Cour du Dragon, 1933.*

Il est dans Paris certaines rues déshonorées autant que peut l'être un homme coupable d'infamie; puis il existe des rues nobles, puis des rues simplement honnêtes, puis de jeunes rues sur la moralité desquelles le public ne s'est pas encore formé d'opinion; puis des rues assassines, des rues plus vieilles que de vieilles douairières ne sont vieilles, des rues estimables, des rues toujours propres, des rues toujours sales, des rues ouvrières, travailleuses, mercantiles. Enfin, les rues de Paris ont des qualités humaines, et nous impriment par leur physionomie certaines idées contre lesquelles nous sommes sans défense. Il y a des rues de mauvaise compagnie où vous ne voudriez pas demeurer, et des rues où vous placeriez volontiers votre séjour.

Honoré de Balzac, *La poésie des rues.*

M
O
le der Hi nier des
CANS
fra son
vu ca
mer lu
i me
c. t

Voici l'hOMme le plus
em
dan
t
du sa
quar tour
tier née
qui des
fait bars

Pi ca a
sso
N
ble o
Pa ble pou
nu ce
con à
bien la
teur main
sculp droi
tuis te
pein
du

Terrible
Boxeur
Boxant avec
ses et ses
sou mil
ve le
nir dé
s sirs

François-Xavier Bouchart, *La Ruche, 1976.*

90

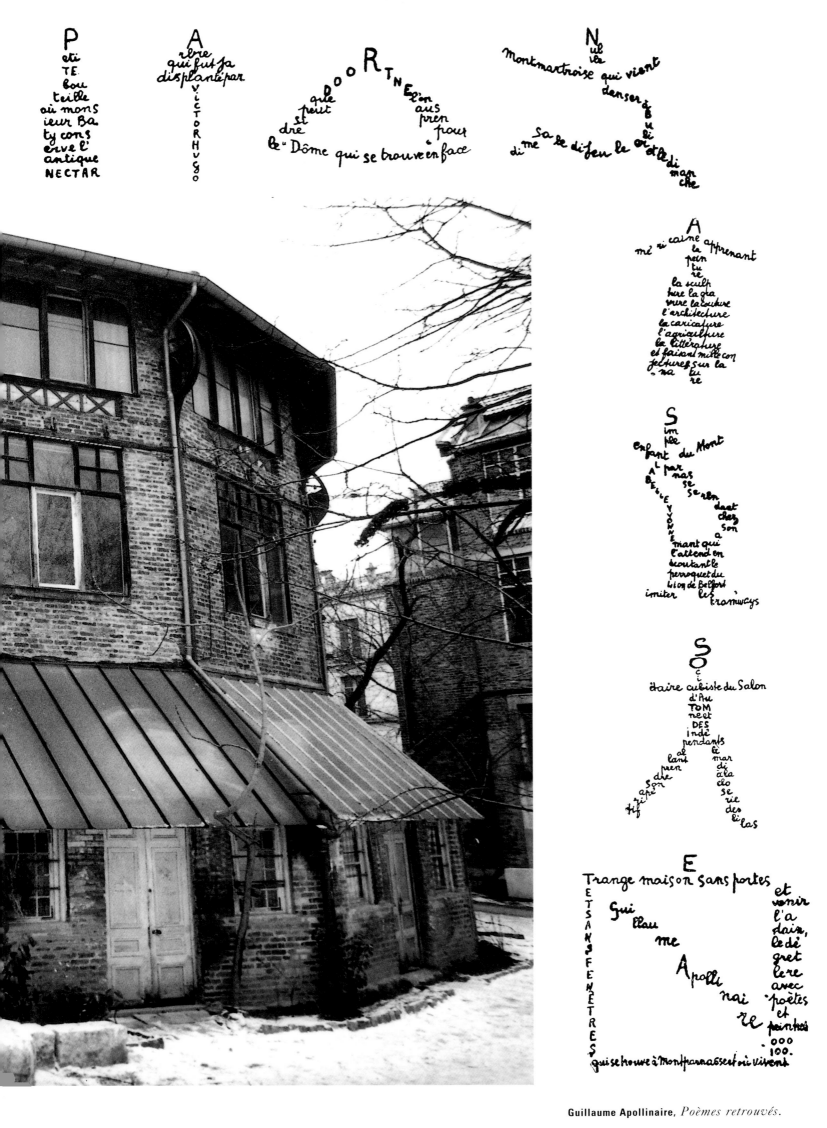

Guillaume Apollinaire, *Poèmes retrouvés*.

Rien à craindre

Ne craignez rien
Gens honnêtes et exemplaires
Il n'y a pas de danger
Vos morts sont bien morts
Vos morts sont bien gardés
Il n'y a rien à craindre
On ne peut vous les prendre
Ils ne peuvent se sauver
Il y a des gardiens dans les cimetières
Et puis
Tout autour des tombes
Il y a un entourage de fer
Comme autour des lits-cages
Où dorment les enfants en bas âge
Et c'est une précaution sage
Dans son dernier sommeil
Sait-on jamais
Le mort pourrait rêver encore
Rêver qu'il est vivant
Rêver qu'il n'est plus mort
Et secouant ses draps de pierre
Se dégager
Et se pencher
Et tomber de la tombe
Comme un enfant du lit
Horreur et catacombes
Retomber dans la vie
Vous voyez cela d'ici
Tout serait remis en question
L'affection et la désolation
Et la succession
Rassurez-vous braves gens
Honnêtes et exemplaires
Vos morts ne reviendront pas
S'amuser sur la terre
Les larmes ont été versées une fois pour toutes
Et il n'y aura pas
Il n'y aura jamais plus à revenir là-dessus
Et rien dans le cimetière
Ne sera saccagé
Les pots de chrysanthèmes resteront à leur place
Et vous pourrez vaquer en toute tranquillité
L'arrosoir à la main devant le mausolée
Aux doux labeurs champêtres des éternels regrets.

Jacques Prévert, *Histoires.*

92

Jean Mounicq, *Cimetière Montparnasse, 1993.*

René-Jacques, *«Le banc», boulevard Pasteur, 1927.*

Il est, au Luxembourg, une vieille fontaine;
J'aime ce monument d'origine incertaine;
Et près d'un banc de bois, où chacun vient s'asseoir,
Un vague sentiment m'y ramène le soir.

Des imitations de floconneuse mousse
Pendent le long des murs; le nénuphar y pousse;
Une Vénus en pierre, au doux sourire humain,
Cache pudiquement son ventre avec sa main;
Deux grands fleuves couchés, prenant des airs superbes,
De leur urne tarie épanchent des flots d'herbes;
Car l'eau ne coule plus; dans l'aride bassin
La coquette Vénus ne mire plus son sein;
Un cresson altéré grimpe sur les rocailles;
A peine si la pluie, en tombant des murailles,
Vient à bout de remplir, entre les verts roseaux,
Le fond de cette coupe où boivent les oiseaux.

Vénus abandonnée, ô fille de Cythère!
Vous êtes triste et sombre en ce lieu solitaire,
Mais moins triste pourtant, à la chute du jour,
O fontaine sans eau, que mon cœur sans amour.

Alphonse Esquiros, *Les chants d'un prisonnier.*

Jean Mounicq, *Jardin du Luxembourg, Fontaine Médicis, 1984.*

Jean-Claude Gautrand, *Jardin du Luxembourg, 1987.*

André Kertész, *Jardin du Luxembourg, 1947.*

Ronald Hurwitz, *Dôme du Panthéon*, 1990.

Effets de neige

Le poudroiement, douillet, moelleux,
de neige purifiante, douce et fine, — qui s'étend
partout, sur Paris, en nappes toutes neuves, —
ouate les branches du boulevard extérieur,
accentue le dessin noir de ses arbres, par dessus,
d'un serti blanc, large comme un bourrelet, recouvre

les toits d'un innombrable duvet virginal, dentelle
les corniches, met aux balcons des franges éclatantes
et candides, charge de ses cristaux en touffes et
festons magiques, les entablements des portes,
supprime, dans sa féérie, les bandes de ciel terne et
plombé entre les maisons...

Félicien Champsaur, *Nuit de fête.*

Robert Doisneau, *Toits de Paris sous la neige, 1959.*

Ronald Hurwitz, *La Sorbonne - Collège de France, 1990.*

À la fin, comme j'écrivais, ce soir-là, seul, de bonne humeur,
composant et rédigeant ces legs, j'entendis la cloche de la Sorbonne, qui,
tous les jours, à neuf heures, sonne le Salut que l'Ange annonça ; aussi me
suis-je interrompu et arrêté pour prier du fond du cœur.
François Villon.

Pierre Berger, *Fontaine Saint-Michel, 1967.*

Ce quartier
Qui résonne
Dans ma tête

Ce passé
Qui me sonne
Et me guette

Ce Boul'miche
Qu'a d'la ligne
En automne

Ces sandwichs
Qui s'alignent
Monotones

Chez Dupont
Ça traînait
La journée

C'était l'pont
Qui durait
Tout'l'année

L'examen
Ça tombait
Comme un'tête

Au matin
Sans chiqué
Ni trompettes

Cett' frangine
Qui vendait
Sa bohême

Et ce spleen
Qui traînait
Dans sa traîne

J'avais rien
Ni regrets
Ni principes

Les putains
Ça m'prenait
Comme la grippe

Ce vieux prof
Qui parlait
À son aise

Très bien sauf
Que c'était
Pour les chaises

Aujourd'hui
Un diplôme
Ça s'rupine

Aux amphis
Tu point's comme
À l'usine

Les années
Ça dépasse
Comme une ombre

Le passé
Ça repasse
Et tu sombres

Rue Soufflot
Les vitrines
Font la gueule

Sans un mot
J'me débine
J'ferm'ma gueule

Je r'trouv'plus rien
Tell'ment c'est loin
L'quartier Latin

106

Léo Ferré, *Quartier Latin.*

François-Xavier Bouchart, *Jardin des Plantes, 1976.*

*Le Jardin des Plantes offre déjà,
pendant le jour, un des plus beaux paysages de
Paris. Quand la nuit et la solitude s'en emparent, il
devient un territoire voué à l'enchantement.
D'un côté les ombres mouvantes des animaux y
suscitent un monde insolite enclos dans la
ville endormie — de l'autre l'ordonnance régulière
des parterres baignant dans le clair de lune y
déploie sans contrainte tous ses charmes.
Avec le départ du dernier promeneur une trêve s'est*

*établie ici, comme dans tous les lieux
abandonnés à eux-mêmes. La mystérieuse
surveillance de la nature s'est relâchée, autour de
cet îlot : peu à peu, rassurées par le silence et
l'obscurité, les choses ont livré l'aspect secret
qu'elles tiennent en réserve pour quelques
circonstances exceptionnelles parfois dévoilées
au noctambule stupéfait.*

André Hardellet, *La belle lurette.*

Ronald Hurwitz, *Le Muséum*, 1983.

CONCIERGE

Moi. — Je vous demande mille fois pardon,
vous êtes bien le concierge du passage?

Lui. — Depuis vingt et des années,
Monsieur, pour vous servir?

Moi. — Vous accepteriez bien...

Lui. — Un petit marc... Je fais un métier qui
donne soif... Il y a un va-et-vient là-dedans, une
poussière... On voit de drôles de gens, des jolies
femmes, et des moins jolies...

Je les regarde le moins possible, ça ne
me regarde pas, vous comprenez? Le concierge.
Après un marc, on en prend volontiers un autre. Vous
êtes bien aimable, Monsieur. Il y en a qui viennent me
raconter leurs petites histoires. Je donne des conseils.
Les gens, ça se noie dans un verre d'eau...

Moi.—Il y a toutes sortes de locataires, dans votre passage.

Lui, devient circonspect.

Louis Aragon, *Le paysan de Paris.*

Janine Niepce, *Le chat de la concierge, 1957.*

Un bistrot de quartier comme beaucoup.
Une devanture entièrement vitrée flanquée d'une
porte à chacune de ses extrémités; l'une ouvre sur
le comptoir, la seconde sur la salle. Il est vingt-
deux heures, c'est l'extinction des feux, les chaises
sont sur les tables, le garçon est parti avec les
derniers couche-tard. Seule une rampe de néon est
allumée pour veiller sur le patron qui
s'active à quelques rangements. Un nez-
sale imbibé jusqu'à
l'os slalome
vers le zinc où
il s'accroche.

— Un ballon de rouge, chef?
— Ça suffit, vous avez assez bu, j'vous sers plus!
Sans insister le biturin sort. Dix minutes passent,
il réapparaît par l'autre porte, tire des bords
entre les tables et finit par accoster au rade.
— Un ballon de rouge, chef?
— J'vous ai déjà dit que j'vous servais plus!
— Ah! merde! c'est le même bistrot.

Marcel Bovis, *Bois et charbons, 1927.*   **Robert Giraud,** *Les lumières du zinc.*

René Burri, *Opéra de la Bastille, 1989.*

Rue de Lappe, rue de Lappe au temps joyeux
Où les frappes, où les frappes, étaient chez eux,
Rue de Lappe, rue de Lappe, en ce temps-là,
A petits pas on dansait la java.
Les jul's portaient des casquettes
Sur leurs cheveux gominés.
Avec de belles rouflaquettes,
Qui descendaient jusqu'au nez.
Rue de Lappe, rue de Lappe, c'était charmant,
Rue de Lappe, rue de Lappe, mais plus prudent,
Rue de Lappe, rue de Lappe, pour les enfants,
De les emm'ner ce soir-là au ciné,
Plutôt que d'aller s'faire assassiner.
Passez la monnaie, passez la monnaie, et ça tournait,
Et plus ça tournait et plus ça tournait, plus ça coûtait,
Qu'est-c' que ça coûtait, qu'est-c' que ça coûtait, quelques tickets,
Mais on n'les payait, mais on n'les payait presque jamais.

Rue de Lappe, paroles de **Francis Lamarque**
et musique de **Rudie Revil.**

Jeanloup Sieff, *Place de la Bastille, 1989.*

114

Janine Niepce, *Cimetière du Père-Lachaise, 1984.*

Henri Cartier-Bresson, *Tombe du journaliste Victor Noir, assassiné par le prince Pierre Bonaparte en 1870, 1962.*

Gaîté du cimetière

Avis aux amateurs de la gaîté française :
Le printemps fait neiger, dans le Père-Lachaise.
Les fleurs des marronniers sur les arbres muets
Et la fosse commune est pleine de bleuets :
Le liseron grimpeur fleurit les croix célèbres;

Les oiseaux font l'amour près des bustes funèbres;
Et l'on voit un joyeux commissaire des morts,
Tricorne en tête et canne à la main, sans remords,
Cueillir de ses doigts noirs, gantés de filoselle,
Des bouquets pour sa dame et pour sa demoiselle.

François Coppée, *Le cahier rouge.*

Willy Ronis, *Belleville - Ménilmontant depuis la rue Piat, 1948.*

116

*Je demeure chez moi autant que je le peux,
dans ma soupente, au huitième étage, où il fait très
froid l'hiver, trop chaud l'été. Je suis revenu aux
mansardes de mon enfance. Ma soupente ressemble
par ses dimensions à une cellule, à une cabine
de transatlantique, à un belvédère, ou bien,
quelquefois, à une dunette... Elle est meublée d'une
armoire blanche, d'une table de sapin teinte au
brou de noix, sur quoi j'écris, d'une chaise, d'un lit-
divan où je dors, où je rêve les yeux ouverts,
ou fermés, pendant que le réveille-matin
grignote ce qui reste de la nuit.*

Henri Calet, *Le tout sur le tout.*

A défaut de partie de campagne, on va aux Buttes-Chaumont.
On est fier de ce parc, les autres arrondissements
n'en ont pas de pareil. Il est vaste, accidenté, captivant,

avec des coins dramatiques ou alpestres. Il ne date que
d'hier, mais cependant les arbres ont eu le temps de pousser,
les sources de ronger les pierres des grottes artificielles, l'eau

Jean Mounicq, *Les Buttes Chaumont, 1991.*

du lac de creuser ses rives, les chemins de s'approfondir
sous les pas des promeneurs; les yeux se sont habitués à ces
barrières de ciment, à ce décor romantique; et on ne

s'épouvante plus d'entendre annoncer : «Voici le pont des
Suicidés», celui qui joint une butte au Belvédère.
Eugène Dabit, *Les faubourgs de Paris.*

Pierre Jahan, *Canal Saint-Martin, 1936.*

Des fenêtres de l'Hôtel du Nord on voit le canal Saint-Martin, l'écluse où attendent les péniches, des usines et des fabriques, des maisons de rapport. Des camions montent vers le bassin de La Villette, descendent vers le Faubourg-du-Temple. Non loin, il y a la gare de l'Est, *la gare du Nord. Le soir, on entend le bruit monotone de l'eau qui tombe d'une écluse. On traverse une région morne : eaux dormantes, quais déserts, où Léon-Paul Fargue et Jules Romains portèrent leur pas.* **Eugène Dabit,** *Ville lumière.*

Brassaï, *Pont de Crimée, 1932-1934.*

En semaine, ces trains sont tristes.
Il faut aller voir les banlieusards débarquer
Gare Saint-Lazare à heures fixes qui se rendent le
matin à leur travail et qui reprennent le
train du soir, mécontents et harassés.
Comment ne pas être dépaysés?
On dirait une fourmilière. Comment est-ce,
Dieu, possible? Quel monde étrange! Ces banlieusards
ne sont pas heureux. Que de soucis sur les visages,
autant que des cors aux pieds. Ils peuvent courir
pour attraper leur métro en se bousculant et
même sauter dans leur train en marche, mais ils
ne savent plus marcher, flâner, s'arrêter, respirer.
Trop de hâte.
Ils ne s'appartiennent plus.
Ils dépendent d'un horaire. Ils ne savent plus
ce que c'est que vivre. Les femmes ne sont pas nées
pour être dactylos ni les hommes ne sont au monde
pour être dans un bureau. L'homme à la
bêche n'a pas de faux col.
Et si un beau jour personne ne marchait plus?
Je ne fais pas allusion à une grève plus ou moins
prolongée, voire générale et politique (ils nous
embêtent avec leur politique!) mais, réellement, si
personne ne se rendait plus au travail, na, pour de
bon, les gens ayant fini par comprendre que c'est
idiot, que dans ces conditions cela ne rime à rien,
que ce n'est pas une vie, la vie, qu'est-ce qui
arriverait? Je me le suis souvent demandé. Est-ce
que les cheminots eux-mêmes, armés de pics, de
pioches et de pelles, ne foutraient pas toute cette
bondieu de caillasse et toute cette satanée ferraille en
l'air pour aménager à la place des petits jardinets?
Je serais assez porté à le croire quand j'admire avec
émotion les minces planches de légumes qu'ils ont su se
réserver dans chaque coin où l'emmêli-mêlo des voies
le permettait et en bordure des pires enchevêtrements
de maçonnerie et de poutrelles faire pousser
des fleurs entre ballast et charbon. Je connais des
milliers de jardins de gardes-barrières qui
mériteraient d'être mentionnés et dignes de donner le
nom d'un passage à niveau à une belle rose
campagnarde. Jamais aucun poète ne chantera cette
litanie de la rose des rails comme Remy de
Gourmont l'a fait pour les roses de serre chaude, de
forcerie intellectuelle, voire des roses en papier.

Blaise Cendrars, *La banlieue de Paris.*

122

Serge Sautereau, *Les voies de la gare de l'Est, vue prise de la rue d'Alsace, 1985.*

René-Jacques, *Place Pigalle, 1947.*

Trois heures après minuit,
boulevard Rochechouart, à l'angle d'une ruelle
cramponnée au flanc de la Butte, un relais sur le
parcours d'une errance improvisée. Caravansérail
serait plus approprié pour qualifier ce bastringue où
le soir tombé viennent échouer les bois flottés des
continents les plus éloignés. Un pick-up caché nasille
en sourdine des rythmes Nouvelles-Orléans pour
rappeler que les musiciens, les jazzmen surtout, se
réunissent entre ses murs avant midi. Pas de rideaux
aux vitrines, mais des jardinières plantées de
philodendrons dont les longs rejets, telles des lianes
loin de leurs racines, enclosent le refuge de
frontières végétales. A l'intérieur, une touffeur de
serre chaude ne se respire plus, mais se mâche.
Scellée à la corniche du plafond, une double rampe
de néon mauve et jaune farde la solitude des
124 *buveurs aux couleurs du petit matin.*
Les Noirs sont bleus sous la lumière qui
donne aux Japonais la teinte d'un pastis trop
souvent noyé et, aux Blancs, le gris sale qu'Utrillo a
peint sur les façades des taudis où Rouault aurait
ajouté des cernes. Je suis l'un de ceux-ci, et, près de
moi, un Kabyle au regard outremer me dit mon
frère. Aucune femme, blonde ou brune, blonde
de préférence, n'est là pour que les yeux
s'allument aux flammes de sa chevelure.

Robert Giraud, *Les lumières du zinc.*

Quelques nuits froides, autant de journées fraîches :
c'est assez pour que tout change et qu'à
descendre dans le métro, à rencontrer ce flot d'air
ascendant qui charrie une odeur si profondément
humaine, nous nous écriions : «Ah! il fait bon ici...»

Non, il ne fait pas bon dans le métro.
Mais il est notre unique ressource. Il est partout
présent, il nous sert et nous fatigue, nous lie à
nos semblables, nous imprègnent d'eux, nous édifie
sur leur degré de misanthropie, de sociabilité et
même de soins corporels. Moyen rapide de transport,
lien de contact, wagon chauffé, il est de tumultueux
refuge de silence. Personne ne parle plus en métro,
personne n'aime plus l'archange, à tue-tête,
des paroles inconsidérées.

Colette, *Paris de ma fenêtre.*

Jean Mounicq, *Métro Abbesses, 1988.*

En fait de ville, je ne connais rien de plus beau. C'est la mienne, je suis né dans son ventre. Quel plaisir d'avoir ainsi un panorama superbe à domicile, sous la main, à caresser quand l'envie m'en vient. Je regarde les dômes, les flèches, les coupoles, les tours, les cheminées d'usines, les toits,

les siècles, le gris du zinc, de l'ardoise et des fumées
ou des brouillards. Le gris est la teinte dominante,
mais un gris nuancé, différencié à l'extrême.
Je crois parfois que c'est mon champ.
Voilà longtemps que je le laboure et que je le sème :
rien n'a germé, rien n'a fleuri.

Henri Calet, *Le tout sur le tout.*

André Kertész, *Toits de Paris et Sacré Cœur, 1929.*

Séeberger, *Montmartre, vers 1904.*

130

J'imagine qu'il subsiste dans Paris,
invisibles derrière leurs murs, des jardins et des
parcs à l'abandon qui constituent son maquis secret;
c'est là que trouvent tout naturellement
leur refuge idéal des personnages qui ne se
sentent plus à l'aise parmi nous.
Certains noms — la Grange-aux-Belles, la Butte-
aux-Caille, la rue des Moulins — se dépouillent
facilement de leur apparence quotidienne, dont
j'ai décidé, une fois pour toutes, de ne plus tenir
compte. En fait, je me promène dans un Paris que
j'invente au fur et à mesure de mes pas, en
compagnie de mes ombres familières;
Nerval fait partie de celles-ci.

André Hardellet, *Donnez-moi le temps.*

Le cimetière Montmartre

C'est un lieu sans mystère, non sans surprises.
La foule, les fleurs, les enfants las qu'on traîne —
il y règne une animation dominicale peu recueillie.
Tous ces gens-là ont l'air d'être venus ici
d'un cœur froid, comme moi-même,
qui n'y «connais» personne. Nulle majesté funèbre
ne tombe du pont Caulaincourt, qui trépide au
passage des camions et des autobus.
C'est seulement un jardin un peu étrange, une cité
naine — maisonnettes, chapelles-cabines et
mausolées-cabanes — tout cela de
pierre massive, de fer, de marbre moulés, taillés
selon un mauvais goût serein, une vanité enfantine
qui ne désarment pas, mais qui inspirent le
haussement d'épaules, le rire indigné, et font de cette
promenade rituelle une récréation inconvenante.

Colette, *Dans la foule.*

Jean Mounicq, *Cimetière Montmartre, 1991.*

René-Jacques, *Rue de la Bonne, 1951.*

134

Nous montâmes en zigzags vers le Sacré-Cœur.
Au pied de la basilique, nous nous reposâmes
un petit moment, regardant au-delà de cette mer de
lumières scintillantes. Paris, la nuit, semble s'agrandir.
La lumière venant d'en haut s'adoucit et par là
même minimise le côté cruel et sordide des rues.
La nuit, vu de Montmartre, Paris prend un air
magique; il repose dans le creux d'un bol comme
un énorme joyau qui aurait volé en éclats.
A l'aube, Montmartre revêt un charme indescriptible.
Une lueur rose se répand sur la blancheur pâle
des murs décolorés, les immenses panneaux
publicitaires ressortent avec une fraîcheur qui
n'est rien de moins que voluptueuse.

Henry Miller, *Jours tranquilles à Clichy.*

René-Jacques, *Escaliers à Montmartre, 1950.*

Calvitie de la butte Montmartre

Fumeur de tabac pauvre aux coulisses du rêve
Vieux mais non pas vieilli loin de la vérité
Je traîne mes souliers sur le pavé des grèves
Que bat le flot de la cité.

Ma jeunesse a fleuri le long des palissades
Où chante dans sa cage ultime un merle blanc
Ma guitare nocturne a gratté des ballades
J'ai le cœur vide maintenant!

J'ai savouré le spleen que ton granit vanna
Escalier sans répit planté de réverbères
Et mon chapeau auréolé de nirvanas
L'a redescendu solitaire.

L'aventure, ô mortel, a passé sur ma butte
Un seul moulin à vent tourne l'aile sans bruit.
Il ne reste à mon blé que de noires cahutes,
Greniers que l'on emplit la nuit.

Max Jacob

René-Jacques, *Montmartre, 1950.*

Le pont Mirabeau

Sous le pont Mirabeau coule la Seine
Et nos amours
Faut-il qu'il m'en souvienne
La joie venait toujours après la peine

Vienne la nuit sonne l'heure
Les jours s'en vont je demeure

Les mains dans les mains restons face à face
Tandis que sous
Le pont de nos bras passe
Des éternels regards l'onde si lasse

Vienne la nuit sonne l'heure
Les jours s'en vont je demeure

L'amour s'en va comme cette eau courante
L'amour s'en va
Comme la vie est lente
Et comme l'Espérance est violente

Vienne la nuit sonne l'heure
Les jours s'en vont je demeure

Passent les jours et passent les semaines
Ni temps passé
Ni les amours reviennent
Sous le pont Mirabeau coule la Seine

Vienne la nuit sonne l'heure
Les jours s'en vont je demeure

Guillaume Apollinaire, *Alcools.*

Willy Ronis, *Le Pont Mirabeau, 1957.*

Jun Shiraoka, *1984.*

141

Paris est un caravansérail
extraordinaire comme probablement toute
grande agglomération humaine, pour qui sait y
vivre et voir de certaine manière.
Mais on y crève d'asphyxie.
L'oxygène vient à manquer. Comme la
chlorophylle. Un vaste horizon de pierre,
où il n'y a pas de rosée la nuit.

Jean-Paul Clébert, *Paris insolite.*